MARCEL DUCHAMP

RACCONTATO AGLI STUDENTI DEL LICEO ARTISTICO

Toni D'Angela

2023

"The rest of them were artists. Duchamp collects dust".

John Cale

"Usa un Rembrandt come asse da stiro".

Marcel Duchamp

INDICE

IN LUOGO
DI UNA PREFAZIONE

Una volta una studentessa, molto brava a disegnare e che, pare, vincesse premi nei concorsi di provincia con le sue nature morte e i suoi paesaggi, durante una lezione su Duchamp, mi interruppe esclamando che quella – di Marcel – non era arte. Si rimise a disegnare e non mi ascoltò né parlo mai più. Non resistette nemmeno un anno, pochi mesi dopo, all'Accademia di Brera. Forse aveva incontrato qualcuno che le aveva parlato – pure là! – di Duchamp? Mi spiace per quella studentessa ma da quel momento ho come contratto un debito, che forse un po' sciolgo adesso. Parlare, raccontare e non spiegare, Duchamp. Agli alunni del liceo artistico, ma non solo, certo. Solo che anche questi alunni spesso non sono così avvantaggiati rispetto ad altri. Troppo spesso i Manuali sono rosari, cantilene che impiegano categorie addomesticanti che livellano le differenze, le discontinuità, i salti. Non che questo libricillo, frutto di un assemblaggio di materiali altrui, sia un rimedio, semmai un *pharmakon*.

MARCEL DUCHAMP
DA PARIGI A NEW YORK

Hans Richter, che ben conosceva Marcel Duchamp, nel suo libro *Dada. Arte e antiarte* (1964), scrisse che il suo amico non aveva debolezze. Era un gran giocatore di scacchi, al tavolo e nella vita. Amava la vita, a differenza di Arthur Cravan. Certo, per lui la vita era solo uno scherzo, tragicamente un non-senso. Forse era perfino un Greco? I Greci prima di lui, e di Nietzsche, i Greci prima del razionalismo socratico-platonico, avevano scoperto che la vita è un assurdo, qualcosa di assolutamente fortuito, che ac-cade. Duchamp aveva questo distacco, anche dal mondo. Vincere se stessi, piuttosto che il mondo, cartesianamente. Il mondo è innocente.

Eppure, Duchamp, fin dall'inizio, ricorda Richter, si impegna. Vuol portare l'intelligenza dentro la pittura. Almeno un po'. L'occhio e il cervello: il cervello nell'occhio. Non gli piaceva l'arte per come si stava sviluppando, sì, nemmeno quella modernista, delle avanguardie, furiosa, iconoclasta, provocatoria. Fu tra i primi, forse il primo, a trasferirsi a New

York, prima della rosenberghiana "caduta di Parigi", nel 1915. Si porta appresso una sfera con dell'aria di Parigi. Se ne sarebbero ricordati Yves Klein, Bruce Nauman e Gordon Matta-Clark. Forse non il modernista – se lo è mai stato – più famoso, ma l'artista che più ha influenzato i grandi artisti e sommovimenti dopo il 1945. Là porta la peste, come Freud, ma prima di lui. Cioè: i *READY-MADE!* Sorpresa che forse più che alla aristotelica meraviglia rimanda all'impertinenza heideggeriana di quelle *semplici-presenze* che non si rivelano più utili, enti che cocciutamente resistono alle nostre prese di cattura umane troppo umane. Opere d'arte. Sì, perché lui le chiamava così. Una ruota di bicicletta? Certo là a New York, perfino là, gli rifiutarono l'*urinoir*.

Il "ready-made" la fa finita con il Giudizio di Dio, cioè con l'originalità. Prima di Walter Benjamin, l'arte è riproducibilità. Non c'è più origine, paternità, proprietà.

Duchamp ride e se la ride. L'arte come imbroglio? Forse. Intrico, intreccio, "pasticciaccio", ibrido. O forse l'arte degli "Old Masters" e di Lessing è una truffa? Una menzogna. Come il platonismo?

Duchamp nichilista. Lo suggerisce Richter. Perché dissolve l'arte, che è eterna, che eternizza, ecc., nel nulla. Che sia questo l'eterno? Ma Duchamp pensa. Pensa questo nulla. Richter insiste sulla logica duchampiana, il suo atteggiamento, la sua ricerca. In fondo non fa antiarte, si colloca al di fuori, o di lato.

Il significato non solo è nell'uso, ma negli effetti, nelle conseguenze di questi "ready-made" e non degli effetti sensibili, retinici, bensì concettuali. Che cosa significa pensare? Non è la domanda del solo Heidegger.

Il suo nichilismo è desostanzializzazione, de-ontologia, dissoluzione della solidità dell'opera d'arte in quanto "realtà". Che cosa resta allora? Lo dice Richter: "il gioco della scienza" o, detto altrimenti, paradossalmente, il *MERAVIGLIOSO CASO*.

Nel passaggio da Parigi a New York il *Grande Vetro* si incrina, c'è una *rottura*. E là, negli anni Cinquanta, eserciterà, *malgré lui*, un magistero su Johns e Rauschenberg e anche su John Cale e Merce Cunningham.

E negli anni Dieci, Duchamp influenza gli amici Ray e Picabia.

Ma anche i british conceptual artists, Art & Language, Donald Judd e Kosuth. E chi è l'antesignano dell'Arte Concettuale? Nel suo *Six Years: The Dematerialization of the Art Object* (1972), Lucy Lippard, ricorda che Duchamp usò la polvere come medium negli anni Venti: "The rest of them were artists. Duchamp collects dust", scriveva John Cale nel 1963. Polvere, prima di Bruce Nauman. E quando Robert Morris nel 1963 anticipa l'Arte Concettuale con *Twelve Bottles of Fresh Air* si riferisce direttamente al 50cc dell'*Air de Paris* (1919) di Duchamp. Come ha scritto Gianfranco Barruchello, Duchamp, che amava travestirsi e appropriarsi di identità altrui, dunque trasformarsi, era lui stesso un *MEDIUM*.

Dick Higgins, dal *côtè* Fluxus, ricorda che è stato Duchamp il primo artista *intermedia*, *betweeen media*. Per questo Picasso è classificabile e Duchamp no.

Malcolm Morley, anche ma non solo iperrealista, osservava che il suo era un gesto duchampiano. I suoi *fidelity paintings* erano letterali, prendevano le mosse da "ready-made" come cartoline o brochure turistiche.

Per Lyotard, filosofo del Postmoderno, il "ready-made" non fa nulla, tranne che disappropriare, spossessare parodisticamente e attivamente l'essere dell'opera d'arte e dell'artista. Il lavoro con Duchamp, secondo Robert Morris, diventa processo che si sgancia dalla produzione di valori d'uso.

Duchamp, allegorista, secondo un'intuizione di Craig Owens, contro l'origine e il restauro dell'origine, la collocazione dell'oggetto nel contesto, l'istituzione: strappa, decontestualizza, nomina, il suo è un parlare, un *nominare altro*.

La qualità antiartistica, antiautobiografica, anticreativa, antioriginale di Duchamp è anche una venatura dei primi dipinti di Gerhard Richter, ispirato anche da Warhol, che certo guardava/pensava a Duchamp.

Chi è il vero produttore di valore dell'opera d'arte? Se lo domandava Pierre Bordieu, citando Piero Manzoni e, ovviamente, l'artista cui il milanese si ispirava: Duchamp. È l'artista? Il collezionista? Forse il critico d'arte? Secondo l'ideologia della creazione – messa in ridicolo da Duchamp – è l'artista, l'autore, ma poi costui, come l'operaio, è espropriato del suo lavoro dal gallerista e da altre figure. E comunque il senso della sua opera non dipende solo dall'autore.

Il gesto dissacratorio, la merda, diventano atti artistici. Cosa fa Manzoni? Frusta il senso della vista, ancora una volta la vista, quella di Platone e Freud, per cui l'arte è sempre stata retinica, almeno fino all'attacco di Duchamp. La "merda", supposta o reale, è sigillata. Duchamp si spinge ancora più in là: ogni segno può diventare arte, ogni oggetto può diventare segno e ogni segno è oggetto.

Duchamp *desublima*. Ci sono modernisti che sono ossessionati dal "Make it new!" di Pound e altri come Duchamp che si impegnano a destituire di fondamento questa ossessione. Desublimare significa che per Duchamp, come per Cornell e per Rauschenberg non si tratta mai di riabilitare, semmai di esibire i materiali nella loro bassezza, nella loro irriducibile eterogeneità e non in quanto identificati con le opere d'arte. Prima della merda manzoniana, c'è stata l'urina di Duchamp. L'opera che segna questo passaggio epocale, è *Fontana* di Duchamp, siamo nel 1917. Caduta dell'aura: *uriner, ruiner*, scrive Lebensztejn nel suo libro sulle *Figure piscianti*.

Caduta dell'aura, eppure in Duchamp c'è qualcosa che fa sì che l'arte renda la vita più interessante dell'arte. In fondo, in un'intervista del 1973 per *Artforum*, Robert Smithson, sottolineando l'influenza di Duchamp su Johns, Morris e la Pop Art, osservava che, piuttosto che desublimare, Duchamp, aristocraticamente, ha investito di trascendenza *goods* e *tools*, oggetti banali della produzione, offrendo una santificazione degli oggetti alienati.

"I am not amused", diceva di sé Smithson. Duchamp sorride beffardo.

MARCEL DUCHAMP
E IL CUBISMO

1907, Picasso realizza *Les Demoiselles d'Avignon* lanciando l'attacco più formidabile contro la rappresentazione mimetica. Un quadro che trovò il suo pieno e giusto apprezzamento di critica ma anche di pubblico soltanto trent'anni dopo e che al momento non fu valutato come una pietra miliare del Modernismo. Acquistato dal Museo d'arte moderna (MoMA) di New York nel 1937, entra per la prima volta in una monografia dedicata all'artista con il *Picasso* di Gertrude Stein. Un testo del curatore e critico Alfred H. Barr ("Picasso: quarant'anni della sua arte"), contenuto nel catalogo di una mostra a lui dedicata al MoMA nel 1939, inizia il processo di canonizzazione di quest'opera. Per Barr *Les Demoiselles d'Avignon* sono il primo quadro cubista, un quadro di transizione. Un quadro che presenta una discrepanza tra la parte sinistra e quella destra, che sembra non avere un'unità. Influenzato dall'arte africana, con cui aveva avuto diversi impatti, in particolare con la visita al Museo etnografico del Trocadero. Barr, oltre all'arte africana, tra le fonti del quadro cita anche Cézanne e Matisse. Per Barr l'opera è una composizione puramente formale di figure che sono ormai disumanizzate e astratte. La natura umana stessa cambia all'inizio del Novecento a seguito di molte trasformazioni economiche, sociali e culturali: la metropoli, la società di massa, la diffusione dei mass media, ecc. Anni di grande crescita economica in cui si accumulano tensioni e contraddizioni che esploderanno nella Prima guerra mondiale nel 1914.

Nel 1972 il critico Leo Steinberg pubblica un saggio chiamato "Il bordello filosofico" in cui attacca questa interpretazione di Barr. Per lui il quadro non è una composizione di figure defigurate, non è puramente formale. Per Steinberg la mancanza di unità non era dovuta alla fretta di Picasso di passare ad altro, ma ad una scelta deliberata. Il quadro non rinuncia all'allegoria, come crede Barr, ma ne cambia il significato e l'uso. *Les Demoiselles* più che un attacco alla pittura figurativa e mimetica è un manifesto contro la cultura fredda a favore di una sensuale e erotica e anche una critica del concetto tradizionale e etnocentrico di bellezza, in particolare femminile. L'entrata in scena del personaggio di destra rompe il principio narrativo tipico dell'arte: i personaggi non condividono il medesimo spazio, l'ingresso è come un'epifania improvvisa. La mancanza di unità è stilistica (la mano del personaggio di sinistra sembra staccata) e scenica lega il quadro allo spettatore che è al centro del quadro con il suo sguardo spaventoso, affacciato su amore e morte.

In ultima analisi, a distanza di molti anni dal quadro e dalla sua interpretazione più classica, non è sbagliato affermare che sia il primo quadro cubista, perché si interroga radicalmente sulle regole della rappresentazione. Picasso, concependo i volti come segni (che rimandano a altro da sé), mette in discussioni le convenzioni illusionistiche della rappresentazione. Soggetti e oggetti diventano segni che si possono combinare tra loro. Il loro significato dipende dal contesto. Il sistema segnico è una metamorfosi: nel quadro vediamo il volto si sta trasformando in torso, in altro da sé.

***

Nel 1914, quando scoppia la "Grande guerra", e Picasso era già diventato molto noto almeno tra gli artisti delle avanguardie europee, Marcel Duchamp propone i suoi ready-made e rompe non con la tradizione ma proprio con Picasso. Negli anni precedenti si erano imposti l'astrattismo e il collage cubista, la scultura figurativa fu scalzata e la stessa centralità del corpo umano fu messa in discussione.

Duchamp (1887-1968) vive a Parigi e nel 1912 decide di ritirare il suo quadro, ancora cubista, *Nudo che scende le scale n. 2* dal Salon des Indépendants e abbandona la pittura. Duchamp risponde alla crisi della rappresentazione inaugurata dal Cubismo, che aveva rivelato quanto l'arte fosse borghese. Molti artisti avanguardisti rivendicavano un'autonomia dell'arte, in fondo è anche un motivo dei critici formalisti. Mentre Duchamp contesta questa concezione, l'arte non è una torre isolata, non deve contrapporsi al sociale e alla vita quotidiana.

Figlio di un notaio, Duchamp aveva altri due fratelli maggiori entrambi artisti, anche loro gravitanti attorno al Cubismo. Fino al 1912, a quel primo gesto di provocazione. Comincia a maturare il passaggio dai suoi nudi cubisti ai "ready-made", dall'erotismo agli oggetti banali d'uso quotidiano, la più grande delle provocazioni, soprattutto se si pensa al formalismo di Bell e Greenberg, secondo i quali l'arte è esaltazione estatica, trasporto che allontana dalla banalità.

Duchamp comincia a pensare alla liberazione dell'arte dal suo giogo retinico, la fa finita con la pittura retinica. Il retinico per Duchamp è quella pittura che non impegna la materia grigia della mente, che non fa pensare. Nel 1911 aveva conosciuto Francis Picabia che lo aveva iniziato all'atteggiamento di dandy negatore e aveva assistito a uno spettacolo dello scrittore

Raymond Roussel che costruiva i suoi sistemi di segni basandosi solo sull'arbitrarietà, scegliendo una frase e poi continuandola in funzione di un'affinità sonora con altre parole ma non attraverso un legame logico e semantico. Duchamp fu molto impressionato da Roussel e il suo influsso è osservabile nei suoi giochi di parole e nelle sue macchine inutili e in tutti gli stratagemmi che impiegherà fino alla sua morte.

Duchamp voleva produrre opere d'arte senza artista. Nel 1911 dipinge un macinino del caffè esploso nel suo aspetto diagrammatico, cominciando a pensare di svuotare qualsiasi rapporto con la pittura tradizionale. Nel 1912 all'amico scultore Brancusi dichiarò "La pittura è finita".

L'artista si interroga sul rapporto tra oggetti artistici e oggetti utilitari, oggetti da creare e oggetti già dati. Si può fare un oggetto che sia nuovo e creativo, perfetto, cioè artistico, che sia anonimo come gli oggetti della produzione industriale, già fatti? Si possono offrire agli spettatori immagini interessanti ma che siano "trovate" e non inventate ex novo? Ecco il senso strategico delle due *Macinatrici di cioccolato* diagrammate in proiezione nel 1913 e nel 1914. Allusioni al sesso e alla scatologia. Sono una parodia della pittura che è ridotta allo stato di diagramma industriale, al disegno che si insegnava nelle scuole francesi frequentate dal bambino Duchamp. Un'immagine "trovata", un oggetto come un altro, un'immagine che si può trovare anche in una Manuale di disegno tecnico. Altro che esaltazione estetica, di cui parlava Clive Bell.

MARCEL DUCHAMP
E IL *READY-MADE*

Opere d'arte senza artista. Duchamp attacca la concezione ancora romantica dell'artista come genio, la concezione borghese dell'artista proprietario dell'opera d'arte. Mentre Picasso non rinuncia mai alla funzione auratica, taumaturgica dell'artista e dell'arte, Duchamp è più ironico, impegnato a decentrare l'autorialità. Da questo punto di vita il "ready-made" fu il dispositivo fondamentale. È l'appropriazione di un oggetto esposto come arte, *scelto*. Così Duchamp oltrepassa vecchie diatribe come: è un quadro? una scultura? è bello? è brutto? è artigianale o industriale? è artistico? Semmai il "ready-made" provoca nuove domande, più concettuali: che cos'è l'arte? come la conosciamo? quali istituzioni decidono che cosa è arte? La pittura retinica impressiona l'occhio ma non mette in movimento la materia grigia del cervello.

Duchamp in un breve scritto del 1913 si poneva già la domanda: "Si possono realizzare opere che non siano opere d'arte?". Nel 1914, in un altro scritto, Duchamp si interroga sul senso dell'arte, sull'arte di *nominare*, l'arte di nominare un oggetto o un'immagine come arte. Nominare equivale a fare o creare. Cosa vuol dire? Che Duchamp sceglie una ruota di bicicletta e la nomina in quanto oggetto artistico. Sceglie una ruota, la mette sottosopra usando uno sgabello, quindi è un "ready-made" modificato. Questo l'aveva fatto nel 1913, ma non aveva ancora trovato il nome. Lo trovò quando arrivò a New York nel 1915, a causa della "Grande guerra". Un'opera senza artista, anche se implica un lavoro.

1914, è l'anno in cui scoppia la Prima guerra mondiale e dello *Scolabottiglie*. Un "ready-made" puro. Il significato di un'opera d'arte (che cos'è l'arte?) dipende dall'*uso* e dal *contesto*. Duchamp sceglie un oggetto comune, lo seleziona, lo nomina arte perché fa un uso dirottato di quell'oggetto e perché lo decontestualizza dal suo contesto abituale (una cucina o un'osteria) e lo ricontestualizza in una galleria o comunque uno spazio frequentato da artisti, critici, intellettuali, ecc. Sebbene possa sembrare una scultura astratta, lo *Scolabottiglie* è pur sempre un oggetto utilitario, una merce. L'opera d'arte si acquista, ha un valore di scambio, il mercato decide il suo valore. È una concezione che Duchamp rifiuta. Per lui l'opera d'arte è nell'uso, il valore d'uso, l'uso che se ne fa, un uso che sorprende, perturba, provoca choc. Anticipa Ludwig Wittgenstein: il significato è l'uso e questo è inscritto nei "giochi linguistici".

A differenza dell'utilizzo abituale dell'oggetto "scolabottiglie" ma, attenzione, anche a differenza dell'utilizzo abituale dell'oggetto chiamato opera d'arte, utilizzato per essere appeso in spazi d'élite, collezionato, per abbellire le case dei ricchi, per far spalancare la bocca ammirati, ecc. Duchamp attraversa e rimescola quei confini che invece i critici formalisti Bell e Greenbeerg, vogliono invece stabilire una volta per tutte: la pittura è pittura, la pittura deve essere straordinaria a differenza degli oggetti d'uso che sono ordinari, l'arte deve essere esaltazione estetica e pure estasi. Duchamp rovescia tutto questo.

Il "ready-made" più famoso è un orinatoio. Tutte le domande solenni sull'arte evacuano scandalosamente. Duchamp scelse l'orinatoio a New York, in un'esposizione di J.L. Mott Iron Works, una fabbrica di sanitari. Lo ruotò di 90°, lo firmò R. Mutt: R sta per Richard, gergo per uomo ricco, e "Mutt" in riferimento sia a Mott che a Mutt che era un personaggio dei fumetti del tempo. Arte e oggetto industriale e cultura di massa. Duchamp rimescola scandalosamente e fluidifica i confini. Infine pone questo oggetto su un piedistallo e lo sottopone alla Società Americana degli Artisti Indipendenti in occasione della sua prima esposizione nell'aprile 1917. Duchamp era membro della Società. La società accettò tutte le 2.125 opere presentate tranne una: *Fontana* di R. Mutt. Fu rifiutata per ragioni che Duchamp contestò in un testo scritto "Il caso Richard Mutt", pubblicata sulla rivista *The Blind Man*. La Società promuoveva la nuova arte; nessuno sapeva che l'opera era di Duchamp; Duchamp la difende come se non fosse sua:

- hanno detto che l'opera è immorale e volgare; un plagio di un pezzo idraulico; ebbene, l'opera ("la fontana del signor Mutt") non è immorale: una tubatura è immorale?

- non l'ha fatta con le sue mani? vero, ma l'ha *scelta*, "ha preso un normale articolo quotidiano, l'ha posto in modo che il suo significato utilitario scomparisse sotto il nuovo titolo e punto di vista – ha creato una nuova idea per quell'oggetto";

- infine, proprio in America si dice che è assurdo? dato che qui le uniche opere degne di importanza sono quelle idrauliche e i ponti.

MARCEL DUCHAMP
E L'ULTIMO QUADRO

Duchamp dipinge *Tu m'* nel 1918, il suo ultimo quadro che riassume le molteplici direzioni del suo lavoro: l'uso del caso, l'invenzione del "ready-made" e lo statuto della fotografia come indice.

Quando sbarcò a New York nel 1915, gli artisti d'avanguardia già ne conoscevano il *Nudo che scende le scale n. 2* (1912), che infatti era il quadro più famoso dell'Armory Show del 1913, l'evento che fa conoscere l'avanguardia negli USA. Molti collezionisti si incuriosirono. Fra questi Katherine Dreier che nel 1918 chiese all'artista un lungo quadro che corresse sopra gli scaffali della sua libreria, una specie di pannelli decorativi. Duchamp, sorprendentemente, accettò.

Già da qualche anno Duchamp aveva abbandonato la pittura a olio e nel 1915 aveva cominciato a lavorare alla sua opera più ambiziosa e enigmatica: *Il Grande Vetro* (1915-23), che non era un dipinto. Appoggiato su cavalletti nel piccolo appartamento in cui viveva a New York, era una grande vetro composto di due pannelli ai cui disegni di una grande enigmaticità (ma anche precisione tecnica: ritorna il macinino del cioccolato) si dedicava con molti materiali curiosi e extra-estetici: la polvere che si era depositata sull'opera nei mesi di inattività si era fissata in alcuni punti; pezzi o fili di piombo erano incollati sulla superficie; dell'argento era stato applicato in una data zona e poi accuratamente grattato via in modo da lasciare un tracciato di linee specchianti. Esecuzione meticolosa ma anche sporadica. Ma quando non lavorava all'opera, da un lato era il caso a operare segni sul vetro e dall'altro costruiva tutta un'aura concettuale attorno a essa con note e appunti, che risalgono già al 1911. Questi materiali "teorici" furono pubblicato nella *Scatola verde* (1934). Nelle prime note compaiono concetti come "istantaneo" e "extrarapido", che caratterizzano anche il medium della fotografia, che già aveva influenzato il famoso "Nudo" del 1912.

In effetti il *Grande Vetro* o *La Sposa messa a nudo dai suoi celibi*, può essere *letta* come una fotografia. I due pannelli di vetro sono come delle lastre su cui si impressionano gli elementi. Anche Man Ray e più tardi Moholy-Nagy eseguivano esperimenti fotografici senza fotografare, senza fare scatti, usando il medium e le circostanze atmosferiche, quindi senza fare un uso riproduttivo, mimetico, realistico della fotografia. D'altronde, strutturalmente, anche se una fotografia può essere iconica o simbolica, è anzitutto indicale, è indice, come l'impronta del piede lasciata sulla sabbia o quella di un copertone – che infatti ispira un'opera di Robert Rauschenberg negli anni Cinquanta.

Spesso, anche se non del tutto a ragione (si pensi alle foto di Ray), si associa la fotografia al "realismo". Ebbene, gli oggetti fissati nel vetro, *impressi*, sono intensamente reali, sia per la consistenza che per la cornice della "prospettiva". Ma questo "realismo", così intenso, urta, entra in collisione con l'impenetrabile allegoria espressa dall'apparecchio meccanico che ospita i Celibi, dal guscio metallico e dalla nuvola amorfa della Sposa. Pittura, fotografia, scultura, performance, installazione, progettazione e caso, realismo e allegoria, forme tecniche e *formless forms*: tutto questo confluisce nel *Grande Vetro*, contribuendo al suo mistero e al suo fascino.

Molte, forse troppe, sono state le interpretazioni dell'opera: allegoria dell'amor cortese, accesso alla quarta dimensione, materia che si trasforma in spirito. Nessuna di esse è definitiva. Ma ciò che sorprende, che fa pensare ancora oggi, è la collisione tra il suo "verismo", appunto, fotografico e la sua resistenza all'interpretazione. Spesso, come detto, si è pensato che la fotografia fosse più immediata, più a contatto con la realtà. Questo era il rimprovero che a essa faceva Charles Baudelaire. Più tardi, soprattutto dopo la WWII, altri, come Roland Barthes, misero in luce come il medium fotografico da un lato non sia così realistico e dall'altro che, comunque, il realismo è un codice, uno stile, ecc. Ma certo all'epoca del *Grande*

Vetro l'interpretazione corrente era che la fotografia manifesta il dato, il fatto, la realtà e che, semmai, il suo senso va spiegato attraverso un testo, una didascalia, un supplemento. Insomma i segni di una mappa o di altri sistemi codificati, sono *simboli*. Anche la parola "cane" è un simbolo, arbitrario e convenzionale. Ci sono poi altri segni chiamati *icone*, che sono legati alle cose non per convenzione, ma perché assomigliano all'oggetto, per esempi il disegno di un cane – anche se non è detto che in tutte le culture il cane lo si disegni come impariamo noi da piccoli. Infine ci sono quei segni chiamati *indici* che sono legati alle cose, rimandano (il segno è un rimando) non per convenzione o somiglianza, ma perché causati dai loro referenti: la banderuola spinta in una certa direzione dal vento è un indice e in quanto tale significa (non banderuola ma) vento (maestrale, ecc.). La pellicola fotografica è sempre causata dal referente, la realtà si imprime sulla pellicola. È una traccia prodotta fotochimicamente.

Questo è ciò che contava per Duchamp. Sulla superficie del *Grande Vetro* l'indice è ripetuto in diversi modi. Le sette forme coniche dei Setacci (la parte in cui si condensa il desiderio maschile dei Celibi) sono state realizzate fissando la polvere depositata sul vetro per mesi: è questo è indice del tempo che passa. Cioè, per coloro che amano inchiodare un'opera al significato, il *Grande Vetro*, evidentemente, significa anche il tempo che passa. Ma anche i nove Spari (raggi del desiderio che penetrano nel regno della Sposa) sono tracce, punti in cui sono stati sparati i nove fiammiferi con un cannoncino giocattolo. Infine, anche i tre Pistoni di corrente d'aria (i riquadri dentro la nuvola sospesa sopra la Sposa) sono forme ottenute appendendo un quadrato di tessuto da una finestra aperta e fotografandone tre vole le deformazioni causate dal vento e poi usando i profili risultati come matrici. L'alea e la progettazione.

Duchamp sembra fare della scultura astratta o magari della pittura sperimentale e invece fa della fotografia, senza scatti ma, contrariamente all'interpretazione corrente, questa fotografia non è affatto immediata.

Il *Grande Vetro* spinge ancora più in là il progetto di Duchamp di uscire dal progetto dell'arte, dalla concezione auratica e romantica della creazione artistica. L'indice è un precipitato del caso, la traccia di un evento. Non c'è composizione. Nel *Grande Vetro*, il caso annulla l'idea e l'abilità.

Altri artisti, come il Dada Hans Arp colgono subito la possibilità offerta dal caos per mettere a punto le loro strategie: nei suoi collage del 1915 strappa pezzi di carta e li lascia cadere sulla superficie; Francis Picabia getta inchiostro su una pagina ottenendo macchie informi. Il ricorso al caso permette di liberare energie, di scatenare associazioni inconsuete, allargando non solo la concezione dell'arte ma anche quella della soggettività e perfino del reale che non è solo qualcosa di misurabile, quantificabile, presente, visibile, ecc.

Tornando all'ultimo quadro. *Tu m'* sintetizza questa fase post-cubista, riassume la produzione di Duchamp. Infatti è un panorama di molti dei suoi "ready-made": *Ruota di bicicletta* e *Scolabottiglie*. Questi sono indici, tracce degli appuntamenti, degli incontri di Duchamp, proiettati sulla tela sotto forma di ombre e anche le ombre sono degli indici. C'è poi una mano che *indica*, il dito indice proteso verso destra, introduce la forma verbale ("questo") nel quadro. Anche "tu" è un pronome indicale, collegato al referente nel contesto. Chi dice "io" riempie il pronome nel momento in cui lo dice.

Nel *Grande Vetro*, secondo le note contenute nella *Scatola verde*, MAR sta "mariée" e CEL sta per "célibataires". MAR più CEL: MARCEL. Nel titolo *Tu m'* il "tu" nomina l'"io", cioè *m'* che sta per Marcel. L'io implica sempre un tu. Picasso attacca il naturalismo ma non rinuncia all'originalità del soggetto, perfino al suo vitalismo taumaturgico. In fondo *Tu m'* è un autoritratto, ma il soggetto qui è diviso, frammentato, abitato dal caso e dall'altro: l'io è anche tu. Questo spiega perché Duchamp amasse il travestimento, si firmasse "Rose Sélavy". Rimbaud: *Je est un autre.*

MARCEL DUCHAMP
E L'ARTE INSTALLATIVA

Duchamp la fa finita con la pittura a olio. Il suo ultimo dipinto, *Tu m'* (1918), è un addio al linguaggio della pittura. Già nel 1915 stava lavorando al *Grande Vetro*, ultimato nel 1923: *La sposa messa a nudo dai suoi celibi*. Un'opera, potremmo dire un'installazione, ancora oggi misteriosa. Che cos'è? Un grande vetro appoggiato su cavalletti composto da due pannelli ai cui disegni radicalmente enigmatici Duchamp si dedica con una eterogeneità di materiali: la polvere depositatasi nel corso del tempo e poi fissata in alcuni punti; pezzi e fili di piombo incollati; argento applicato e poi grattato via. Un'esecuzione meticolosa, lenta e paziente. Sembra quasi una fotografia. Perché? Per il realismo degli oggetti fissati, la loro solidità. Eppure, tale realismo, è assolutamente impenetrabile. Un po' come nel linguaggio figurativo di René Magritte che, tuttavia, non è somiglianza ma *similarità*. Impenetrabile. L'opera d'arte sembra sottrarsi alle pinze del critico, sempre pronto a qualificare, classificare e archiviare, e al voyeurismo dello spettatore, passivamente sospeso sul culto dell'opera e del suo genio creatore. E in effetti l'opera è stata interpretata in mille modi. Tutti alla caccia di un codice per inchiodare l'opera al messaggio, al significato: "Che cosa vuol dire?". Come interpretare il *Grande Vetro* sullo sfondo delle categorie conosciute? Che cosa simbolizza? Ma è un simbolo, cioè un segno arbitrario, convenzionale? Vediamo. È un'icona, cioè assomiglia a qualcosa di familiare, riconoscibile, reale, che sta "là fuori"? È un indice, cioè ciò che si vede è causato, i segni, è letteralmente causato da qualche cosa di esistente "là fuori", come l'orma sulla spiaggia lasciata da un piede?

L'indice è letteralmente causato dal suo referente, ha con esso un legame materiale, come la banderuola spinta dal vento. La fotografia è un indice: è una traccia prodotta fotochimicamente. Il *Grande Vetro* è qualcosa di simile. Le forme coniche dei Setacci (parte dell'apparato dei Celibi in cui il desiderio maschile viene condensato) sono stati realizzati fissando la polvere depositata sul vetro per mesi (indice del tempo che passa), ma i nove Spari (raggi del desiderio che penetrano nel regno della Sposa) sono tracce di dove hanno colpito la superficie nove fiammiferi sparati con un cannoncino giocattolo; o ancora i tre Pistoni di corrente d'aria (i riquadri dentro la forma simile a una nuvola sospesa sopra la Sposa) sono forme ottenute appendendo un quadrato di tessuto da una finestra aperta e fotografandone tre volte le deformazioni causate dal vento e poi usando i profili risultati come matrici. Un evento che resiste all'addomesticamento del linguaggio.

L'arte non è più iconica ma indicale e il processo creativo, il processo artistico è spersonalizzato (destituendo il mito romantico del genio, la concezione borghese e individualista dell'autore) e sospeso all'imprevedibilità dell'alea. Ogni oggetto d'uso quotidiano può diventare arte e ogni forma d'arte è vita quotidiana: è il "ready-made". Che cos'è? Ciò in cui inciampa l'artista. Termine coniato nel 1915 per definire la *Ruota di bicicletta* (1913): oggetto comune elevato al rango d'arte attraverso il processo dell'appropriazione. Qualsiasi ente, reale o ideale, che per il fatto di essere scelto, senza subire modifiche, è consacrato come opera d'arte. Altri artisti hanno attinto al "ready-made": da Robert Rauschenberg (Neo-Dada) e Arman (Nouveau Réalisme). Il "ready-made" può essere anche stampato o modificato.

Il suo ultimo dipinto, *Tu m'* (Tu ami, Tu Marcel, ...), è il riassunto della sua produzione post-cubista: un panorama dei suoi "ready-made" (dalla ruota allo scolabottiglie) proiettati sulla tela attraverso la forma delle loro ombre: indici. Olio, graffite, spazzolino, spille, bullone. È la rottura con il pittorico. La prima installazione.

***

Nel 1942 Peggy Guggenheim organizza presso la sua Art of the Century la mostra *Le carte del Surrealismo*. Parigi è caduta e molti artisti dell'avanguardia europea, soprattutto surrealisti, hanno raggiunto Duchamp a New York. A questa mostra partecipano i maestri riconosciuti del Surrealismo ma anche i giovani pittori in erba dell'Espressionismo astratto, ancora inesploso. I curatori chiedono a Duchamp di allestire lo spazio. Ne scaturisce un'installazione a ragnatela.

Torniamo a Duchamp e a New York, ma siamo nel 1966. Duchamp è l'artista di riferimento della Pop Art e del Minimalismo. Rauschenberg e John si sono ispirati a lui negli anni Cinquanta. Fluxus è permeato dello spirito iconoclasta di Duchamp. Insomma Duchamp è sempre più l'artista più influente per le neoavanguardie. Gli restano pochissimi anni, muore nel 1968, ma nel 1966 mette a punto l'ultimo colpo che apre definitivamente le porte all'arte installativa. *Dati...* è l'installazione per antonomasia. È esposta nel 1969, un anno dopo la sua morte, come richiesto da Duchamp. Artista considerato concettuale che impiega l'abilità manuale per la sua ultima opera. Un portone di un granaio forato, attraverso i fori è visibile un nudo adagiato tra cumuli di ramoscelli, le gambe si spalancano di fronte allo sguardo dello spettatore. Duchamp voleva che fosse allestito in un museo, nel cuore dell'istituzione che addomestica l'arte. Il museo addestra a guardare kantianamente, con disinteresse, invece Duchamp evidenzia l'erotismo dello sguardo, lo spettatore è un voyeur e Duchamp lo rende esplicito costringendolo a spiare nella fessura e a spiare un nudo. Ma è sempre un voyeur passivo. Collocandosi nel cuore del museo, Duchamp vuole ribaltarne la logica e disincagliare, o almeno mettere in ridicolo, la posizione passiva dello spettatore, a sua volta spiato dagli altri spettatori. È l'inizio di quella che si chiama *critica istituzionale*. Negli stessi anni il Minimalismo di Robert Morris aveva modificato sia lo spazio delle gallerie che l'oggetto artistico attivando inediti campi percettivi nello spettatore e la Land Art di Robert Smithson, Michael Asher e altri aveva allargato la scultura debordando i confini dell'atelier per investire il paesaggio naturale e non trasformato in *earthwork* oppure cimentarsi nel *site-specific* (interventi costruiti appositamente in un luogo). Da tutto questo è nata l'arte installativa.

MARCEL DUCHAMP,

JASPER JOHNS

E JOSEPH KOSUTH

Il 20 gennaio, due settimane dopo l'uscita della copertina di *Artnews* a lui dedicata, Jasper Johns inaugura la sua prima mostra personale alla galleria Leo Castelli di New York. Espone sei quadri con bersagli concentrici, tra cui il *Bersaglio con quattro facce*, quattro quadri con bandiere e anche alcuni quadri con oggetti reali, come *Cassetto e libro* del 1957. La mostra andò tutta venduta. C'era un nuovo interesse per i giovani e anche per la loro promozione. Riferimenti banali, pennellate impersonali: segni di una riscossa sui temi elevati e i gesti carichi di significato degli espressionisti astratti. Anche se Johns non era un tipo ribelle. Frequentava Rauschenberg, Cage e il coreografo Merce Cunningham. Era un lettore molto attento di Ludwig Wittgenstein e certamente ha sempre riconosciuto il suo debito nei confronti di Duchamp, per l'uso di elementi esterni, reali, preformati, spersonalizzati, convenzionali, come le bandiere americane. Impiegava diversi ordini di segni: visivi e verbali, pubblici e privati, segni simbolici e indicali (come le impronte digitali). Utilizzava cose ambigue per sottolineare con ironia che l'io (dopo Freud) era diviso e che anche l'artista non è mai padrone della sua opera, determinata anche da altri fattori diversi dal talento artistico. La sua è una pittura sia astratta che figurativa, gestuale ma impersonale, perché le sue pennellate sembrano ripetitive. I suoi quadri sembrano autoreferenziali e, insieme, allusivi.

Hegel aveva condannato l'arte a farsi filosofica per sopravvivere e salvaguardare ancora gli ideali oggettivi del classicismo, Adorno a integrarsi con la filosofia per dissolvere quegli ideali che più che classici erano borghesi. La Conceptual Art – che radicalizza il processo di dematerializzazione dell'opera d'arte iniziato negli anni Dieci con Duchamp – è la nemesi dell'arte che la fa finita con la filosofia!

Joseph Kosuth negli anni Sessanta era un ventenne, ispirato da Duchamp, Jasper Johns, Donald Judd e Wittgenstein.

Duchamp, con i suoi "ready-made", fu il primo a concepire gli oggetti come dichiarazioni, definizioni linguistiche: "Questo è arte". Johns: Duchamp "moved his work through the retinai language, thought and vision act upon one another".

***

I quadri di Johns sono oggetti reali, contrassegnati da riferimenti banali (al mondo del consumismo della società di massa) e pennellate impersonali (in polemica con lo stile espressionista di pittori come Pollock). Associato a John Cage, Robert Rauschenberg e al coreografo Merce Cunningham (tutti al Black Mountain College), Johns ha un debito tutto speciale nei confronti di Duchamp e Wittgenstein. L'opera del primo la vide a Philadelphia nel 1958, l'anno dopo conobbe Duchamp personalmente. Scrisse su di lui e Max Kozloff scrisse sul rapporto Johns-Duchamp. Mentre Wittgenstein diventò una lettura costante di Johns a partire dal 1961. Come Duchamp utilizza elementi preparati, reali, preformati, convenzionali, come le sue "bandiere" e i suoi "bersagli", trasformando oggetti banali in oggetti ambigui. Le bandiere erano cose triviali e, al tempo stesso, opere d'arte. La sua è una pittura, insieme, astratta e figurativa. Come Magritte ("Questa non è una pipa", 1929), che aveva visto a New York, Johns usa una cosa (bandiera) come segno per un'altra cosa, poiché il segno è una cosa che rinvia a un'altra cosa. E allora qual è il significato di quella bandiera che è cosa e segno? L'uso, come avrebbe risposto Wittgenstein. Una cosa, ha scritto Johns, funziona in modi diversi, a seconda di quelli che Wittgenstein chiamava "giochi linguistici". Quella bandiera, per esempio, in una manifestazione di veterani a New York dopo il '45 significa una cosa (gioia, orgoglio americano, ecc.), perché se ne fa un certo uso in quel contesto di vita ("gioco linguistico"); ma quella stessa bandiera, sventolata in una manifestazione di studenti a metà anni Sessanta sempre a New York significa qualcosa di molto diverso, perché se ne fa un uso diverso in quella forma di vita che è la contestazione giovanile degli anni Sessanta contro il Vietnam, la società affluente, il suo conformismo, in favore dei diritti delle minoranze, ecc. Oppure una bandiera, come nel caso di Johns, può essere un'opera d'arte.

MARCEL DUCHAMP E LA FILOSOFIA

I.

Courbet e Duchamp? Realismo e Dada? Il realismo d'avanguardia di Courbet è d'avanguardia e poi Duchamp non è esattamente dadaista. Jean-Claude Lebensztejn (*Dell'imitazione nelle belle arti*, 1996) osserva che rappresentare la realtà banale, come fece Courbet, una realtà senza aura, che non interessava né nobiltà decadente né borghesia ormai *rentier*, era scandaloso. La nuova borghesia parigina non ne voleva sapere delle contraddizioni che laceravano le campagne e della moltitudine variopinta e caotica che animava Parigi, tutte cose che realisticamente si vedono nei quadri di Courbet. Questo realismo è già modernista e nell'accezione di Clement Greenberg. Dipingere minatori o lavandaie fa indignare i privilegiati dell'epoca e fa arrabbiare ancora molti storici dell'arte a inizio Novecento. Rappresentare questa realtà significa, scrive Lebensztejn, respingere la tentazione del valore, del contenuto. Il realismo è autonomia dell'arte, perché quel mondo del lavoro non può avere valori. La sparizione del soggetto comincia con il realismo. Scompare anzitutto l'oggetto, quello ritenuto degno per l'arte e la consumazione dei suoi spettatori e collezionisti. Ma come dirà, nella tempesta delle avanguardie storiche, Georges Bataille, scomparsa dell'oggetto (nel Cubismo o nell'Astrazione) è anche falò del soggetto, quello borghese, individualista, che colleziona. Quel che resta, dopo Freud e la Grande guerra, è un soggetto giocato dall'inconscio e un soggetto a pezzi. Atteso dai nuovi modi di organizzazione fordista del lavoro, assoggettato in quanto soggetto alienato. Ci sono affinità tra Courbet e Manet, anche se il primo rimproverava al secondo la mancanza di modellato e il secondo se ne fotteva, ricordandogli che lui e i suoi amici non ne potevano più di Courbet. Il furore modernista scintilla *entre-deux*.

II.

Secondo Thierry de Duve (*Au nom de l'art*, 1984), paradossalmente, nessuno meglio di Marcel Duchamp, da sempre contestatore dell'aura artistica, rende meglio l'idea del potere magico dell'arte, perfino più del taumaturgico Picasso. Anzi, del potere magico della *parola* "arte". La parola in Duchamp, l'atto di nominazione ("Questo orinatoio è arte") illustra l'indicibilità, l'apertura e l'indeterminazione del concetto di arte. L'arte come istituzione performativa, in anticipo sulla teoria degli atti linguistici di John L. Austin (*Come fare parole con le cose*, 1962), secondo cui l'enunciato performativo non dice qualcosa, ma fa qualcosa ("Prometto che...", mentre "Ho visto Luigi promettere a Mario che..." è un enunciato constativo, che descrive). Dire è fare. "Sì, lo voglio", diceva Austin, non è fare il resoconto di un matrimonio, ma concedersi, unirsi, sposarsi. Duchamp quando afferma che l'orinatoio è arte, fa un enunciato performativo. Dire qualcosa, in questo caso, produce effetti su sentimenti e pensieri e le azioni di chi sente o parla, di altri, nel nostro caso di coloro che, per un verso o per l'altro, si interessano all'arte.

L'arte è tutto ciò che è chiamato (nominato) arte. In fondo, se tutto è arte, l'arte è ancora autonoma. Non dipende da altro da sé, poiché altro è arte. Ontologia nominalista dell'arte.

L'arte è un *nome proprio*. Ancora una volta siamo rimandati alla filosofia del linguaggio.

La teoria del "nome proprio" comincia a metà ottocento con James Mill e soprattutto il logico e matematico Frege, per cui il "nome proprio" designa qualcosa, e può essere o solo un nome, cioè un segno semplice, oppure un insieme di segni; è il modo di darsi dell'oggetto e il senso di un enunciato è il pensiero espresso in esso. Mentre secondo Russell per afferrare il senso di un nome proprio ("Il primo verso dell'Infinito di Leopardi") devo ricorrere ad un altro sintagma denotativo, deve essere cioè tradotto in un altro sintagma.

1 "Walter Scott" e 2 "L'autore di Waverly" secondo Frege sono "nomi propri".

Per Russell solo il primo è un nome proprio mentre la seconda è una descrizione definita.

Russell chiama il primo e la seconda "termini singolari".

Secondo la teoria di Frege il senso e il significato di 1 e 2 in effetti si identificano. Ma questa identità, secondo Russell, non è giustificata perché da 1 non desumo logicamente 2. 1 designa un oggetto (l'individuo chiamato Walter Scott) ma 2 non è un individuo, dunque non designa lo stesso significato (oggetto) denotato da 1, perché 2 è un fatto della storia della letteratura, non un individuo.

Kripke e Putnam, indipendentemente l'uno dall'altro, tra gli anni Sessanta e Settanta elaborano la "teoria del riferimento diretto" che contesta la fondatezza della "teoria descrittivista"

(Frege-Russell), vertente sulla dimostrazione che il significato (riferimento, denotazione di un oggetto) di un "nome proprio" o comune è indipendente dal senso (il "sinn" di Frege, contenuto di pensiero), dalle credenze e anche dalle descrizioni (Russell) e infine anche dalle proprietà credute che possono non essere univocamente specificanti in tutti mondi possibili ("Il maestro di Alessandro").

Per Kripke il "nome proprio" è un riferimento diretto, un designatore rigido. Il riferimento di un nome è dato dalla catena causale che può nascere da un "battesimo", da un rito iniziale, in cui un nome è direttamente associato ad un oggetto. A volte, in casi estremi, perfino una descrizione può fungere da battesimo: "Jack lo Squartatore". Il riferimento non dipende essenzialmente da quanto pensiamo noi stessi, ma anche dalle altre persone nella comunità, dalla storia di come un nome è giunto fino a noi e cose analoghe. E seguendo la storia del genere che arriviamo al riferimento.

Per Putnam i parlanti associano un nome ad un oggetto in base allo stereotipo diffuso in una determinata comunità linguistica. Gli stereotipi sono descrizioni associate al nome comune, come "tigre". Negli anni Ottanta Putnam modificherà la sua posizione spiegando che il riferimento di un oggetto non è mai indipendente da un determinato schema concettuale.

Il filosofo dell'arte de Duve suggerisce che la nominazione duchampiana sia kripkiana-putnamiana. Duchamp battezza la *Fontana* e, insieme, dopo questo atto i parlanti, coloro che parlano di arte, non possono che associare quell'orinatoio all'arte.

III.

E Kant? Il primo modernista secondo quel Clement Greenberg che ha sempre detestato Duchamp. "Questa è arte" enuncia Duchamp, un atto performativo che non si fonda su alcun concetto. Ma la frase "Questa è arte" si fonda o implica già un concetto. Tesi e antitesi equivalenti? Quindi antinomia kantiana? Ma Kant aveva detto che il giudizio di gusto non si fonda su concetti *determinati* ma su un concetto *indeterminato*. Antinomia risolta. Duchamp, stranamente e *contra* Greenberg, è kantiano. Certo Kant distingue ancora tra gusto e genio, giudizio e produzione. Nel *ready-made* di Duchamp produzione e gusto, genio e giudizio coincidono. Giudico questo geniale, un'opera d'arte, creazione. Anche il critico d'arte Harold Rosenberg, che conia la descrizione "action painting", dirà che l'arte non esiste ma si declama e dichiara. E questo prima dell'Arte Concettuale e delle *propositions* di Kosuth e Weiner. L'arte è un "nome proprio" ed è il concetto dell'arte come "nome proprio".

IV.

Duchamp spariglia le carte – per questo non piaceva a Greenberg. Moderno e postmoderno. Moderno, cioè kantiano, osserva de Duve, perché dichiara una facoltà della ragione, la facoltà di fare dell'arte. Gusto, genio, creatività devono diventare esigenze condivise dal mondo intero. Postmoderno perché l'idea duchampiana dell'arte è nominalista, cioè gusto, genio, creatività sono già condivise dall'umanità. Progresso (modernista) e disincantamento (postmodernista). Hegel o Nietzsche? Habermas o Baudrillard? Il *ready-made* è un *coup* che si muove tra i poli. È, al tempo stesso, l'incarnazione del potere dell'arte di introdurre la novità (l'ossessione modernista per il nuovo) e la manifestazione più eclatante e sovrana dell'arte per tutti e alla portata di tutti. Kant separava l'uomo di genio dall'uomo comune, anzi dall'uomo di mestiere.

V.

In un altro suo libro (*Figure piscianti*, 2016), Lebensztejn ricorda che con la *Fontana* (1917) Duchamp rivolgeva l'atto offensivo del pisciare contro l'arte stessa. Perfino gli organizzatori della mostra di New York dedicata agli artisti indipendenti rifiutarono la *Fontana*. Oltraggiando l'arte, scrive Lebensztejn, Duchamp trasformò l'oltraggio in arte. D'altronde pare che anche Pollock urinasse sulle sue tele. E così fece Warhol nella serie dei quadri del 1977-78, tele gigantesche che nelle dimensioni ricordavano quelle di Pollock. Warhol possedeva una *Fontana* di Arturo Schwarz.

Ma anche Courbet era considerato laido dall'establishment, volgare, e così le immagini piatte di Manet o l'assenza di disegno in Cézanne, per non parlare del caos cubista.

Dada è una rottura e una provocazione, produce effetti che cambiano radicalmente il sentimento di quello che de Duve chiama *n'importe quoi*. Non importano leggi, convenzioni, finalità, ecc. Dada è il regno del "n'importe quoi", che suscita indignazione e paura. Come James Joyce, contemporaneo di Dada. Dada influenza il Surrealismo e poi gli artisti di New York, da Motherwell a Johns fino all'Arte Concettuale, ma anche Piero Manzoni. Ma Duchamp non è dadaista.

La sua *Ruota di bicicletta* risale al 1913. Il Cabaret Voltaire a Zurigo si infiamma nel 1916. E poi Duchamp non voleva instaurare un nuovo genere artistico. Duchamp è sempre stato dalla parte dei profani, non degli esperti. "Il place l'artiste, l'auteur, dans la position énonciative du spectateur" (de Duve). Lo spettatore situato nella folla descritta e criticata da Baudelaire? No, ormai è già quello *mediatizzato*. I mass media della società di massa e dei consumi mediatizzano, canalizzano la folla amorfa, la canalizzano perfino verso il Centre Georges Pompidou a Parigi a visitare la mostra d'inaugurazione del museo dedicata a Duchamp (1982). shopping culturale.

Per Duchamp, basti pensare anche all'ultima installazione (*Dati...*, 1966), è lo spettatore che fa l'opera. Mentre per Dada l'autore è l'esperto. Duchamp è già per la produzione di un'arte di massa per una società profana mass-mediatizzata. Profana la profanazione. Nessuna essenza, *de-ontologia*, piuttosto che ontologia.

VI.

Per Jean-Christophe Bailly (*Marcel Duchamp*, 1984), la sfida duchampiana è quella di approdare agli oggetti attraverso il pensiero attraverso l'invisibilità dell'atto artistico. Il Modernismo è una rivoluzione paragonabile a quella del Quattrocento, ma Duchamp prende le distanze non solo dalla rappresentazione albertiana e frontale, dalla pittura retinica, ma anche dall'avanguardia. *Nudo che scende le scale* (1912), convocando Futurismo e Cubismo e fotografia, è già *al di là*. Oltre la pittura, slittamento verso l'impalpabile, l'idea, verso la salita del ciclista che si innalza nel sole. Velocità e freddezza del *Grande Vetro* cominciato nel 1915. L'opera non suscita più sentimenti. Il vetro non solo non è più albertiano, trasparente, ma è opaco e addirittura spezzato. Non si guarda attraverso o dentro l'opera. L'opera diventa *divenire*, una dissolvenza. Non è più stabile, eterna, immortale, un'*essenza* platonica. Duchamp è più un pensatore che un pittore. Disegni, progetti, dipinti, installazioni sono tappe, anzi tracce di un processo di fabbricazione, di produzione che è quello del pensiero. Macchina che produce pensiero, officina di idee. Macchine veloci ma anche erotiche. Flussi erotici. Sia il *Grande Vetro* che i suoi film segnati dalle rotazioni ipnotiche e vertiginose. Accelera e rallenta, inventa qualcosa che è già fatto, pronto, come il *ready-made*. Deterritorializza e riterritorializza, sposta e condensa. Trasforma un manuale tecnico di disegno in opera d'arte e viceversa. Espropriazione e riappropriazione dei *dati* acquisiti.

Why not sneeze (1921), gabbia d'uccelli in metallo dipinto con piccoli cubi di marmo che sembrano zollette di zucchero, anticipa l'oggetto a funzionamento simbolico dei surrealisti, le scatole di Joseph Cornell e molto altro. *Tu m'* del 1918 è l'ultima pittura, già *combine-painting* e infatti il mentore di Rauschenberg è Duchamp. Le sue opere sono sempre evanescenti, scrive Bailly, e insieme sature di "sensi multipli". Tutti ingranaggi freddamente deliberati, partite a scacchi: insegna il gioco a John Cage. Le sue macchine sono dispositivi erotici, dei *crash* prima di David Cronenberg. Macchine fredde che rifiutano le calde avances degli amanti, come gli scapoli del *Grande Vetro*. Macchine che impediscono identificazione e voyeurismo. Poiché la contemplazione deve diventare azione. Lo sguardo deve condensare, far precipitare il visibile. Dal pensiero all'oggetto: *cosa mentale*.

E poi, le sue opere sono sempre incompiute, non c'è opera: assenza di opera. Travestimento, spostamento, slittamento. Perfino quando vuole raccogliere la sua opera in una valigia, *Scatola-in-valigia* (1936-41), desiderio di una totalità chiusa in se stessa ma che si apre, pronta a disperdersi, a viaggiare. Arte custodita, chiusa e, al tempo stesso, esposta, portatile. Duchamp disparato.

Le sue opere sono in divenire, dissolvenze misteriose, tracce. Il voyeur che spia alla fessura non vede il volto. Donna nuda, testimoni. Le figure del *Grande Vetro* in *Dati...* diventano vere, la verità del teatro. *Dati...*, osserva Bailly, fa pensare alla griglia di Dürer ma decostruita. Ormai non ci sono che proiezioni.

Il segno indexicale del "Grande Vetro" o della sua guancia annunciano già lo smalto industriale e i grumi di Pollock, il fulmine che divarica di Newman, il graffito vandalico di Cy Twombly, i copertoni di Rauschenberg e il nylon di Bruce Conner: insomma una certa "animalità" o quello che Rosalind Krauss e Yve-Alain Bois hanno chiamato materialismo dell'informe, delle "materie basse", come i feltri cascanti di Robert Morris, un altro debitore di Duchamp. Ma l'uso del pennello in Ryman è altrettanto indexicale, proprio come quando Duchamp fa il calco della sua guancia o, ancor prima, allesticse il "Grande Vetro"

Duchamp mette fuori gioco tutte le invenzioni, tutti i limiti. Fa dell'arte, fa dell'altro, si sottrae, gioca, è onirico e razionale. Ha gettato i dadi, scendendo le scale, verso il fondo delle cose, forse l'assoluto. Senza emozione, avendo torto, negando gli scopi. Semplice e infinito. Soprattutto un gesto che si rilancia, come "una ruota di bicicletta che gira".

ANTOLOGIA

"What was the nature of this new art? In what lay its novelty and its challenge to the art it came to supplant?

The great variety of this rapidly devoloping modern art obscured its character and inspired vague or onesided interpretations. How Matisse and the intricate *Nude* of Duchamp?

(…)

Duchamp's *Nude Descending a Staircase* was an exciting assertion of a dynamic principle, much like the philosopher Bergson's, or like the moralist Nietzsche's call to perpetual self-transcending action".

Meyer Schapiro, "The Armory Show", in *Modern Art. 19th & 20th Centuries*, 1979

"Duchamp's signing thus inaugurates a new art history, that in which the signature-bearing spade mocks the hierarchy of forms by which art had sought to elevate itself above the crafts, and in which the artist's act (e.g., the signing and exhibiting) enters into the web of creative acts, regardless of when performed, the totality of which constitutes the identity of art. It is a the token of the attainment of a new stage in the history of human fabrication that Duchamp's 'ready-mades' stand out from among the mass-produced duplicates among which they originated".

Harold Rosenberg, *Artworks & Packages*, 1969

"In one sense, Duchamp's first ready-made, the bycicle wheel placed upside down on a stool (1913), was the crowning moment of a thirty-year-old development in which the contribution of the brain to the processing and interpretation of visual data was increasingly appreciated. If the mind itself chieflyy conditioned phenomena, if wordly life was known onl as a schematization – and this was the underlying drift of Symbolism and Cubism – then it was but a small step to cleave the act of will from any shaping of materials in order to creat a reality

(…)

The craft of *belle peinture*, the savoring of fine sensations, logical equilibrium, and continuity with a civilized past are sidestepped by a skepticism questioning the reality of which all these things compose only one fragment. Culture as a repository of great themes ceases to exist. Duchamp probably agress that humanist and materialist discriminations are acts of will, but would insist that these acts are as nothing compared to an attitude that recognizes the *random* as the governing principle of life

(…)

Differing from the strong anti-art tendencies in Futurism and Expressionism, which were both efforts of artists to extend the realm of their effectiveness into life and temporal situations, Duchamp, with the most cavalier pessimis, recognized no boundary between art and life that could be meaningfully attacked".

Max Kozloff, *Renderings. Critical essays on a century of modern art*, 1970

"Esiste un'opera tarda di Duchamp che sembra commentare questo rapporto tra segno e significato così com'è modificato dall'effetto dell'intervento dell'indice nell'opera d'arte. *With my Tongue in My Cheek* (1959) è ancora un autoritratto. Questa volta la linea portante non è l'identità sessuale, ma piuttosto l'opposizione semiotica di icona e indice. Su un foglio di carta Duchamp schizza il proprio profilo rappresentandosi secondo le regole dell'icona grafica. Sulla superficie di questo disegno, in coincidenza con una parte del suo contorno, è aggiunto il volume del mento e della guancia, ottenuto con il calco del proprio viso. L'indice è giustapposto all'icona. Una didascalia si aggiunge all'insieme. 'With my tongue in my cheek' è espressione gergale che rimanda all'ironia, qui un sottotitolo per riorientare il significato. Ma la si può intendere anche letteralmente. Mettere veramente la lingua nella guancia significa anche perdere la capacità di parlare. È questa rottura tra l'immagine e il discorso (o più precisamente il linguaggio) che l'arte di Duchamp al tempo stesso contempla ed esemplifica

Come la sto presentando l'opera di Duchamp manifesta una sorta di trauma della significazione che le è venuto da due avvenimenti: lo sviluppo, negli anni dieci, di un linguaggio pittorico astratto (o astratizzante) e l'espansione della fotografia. La sua arte consiste nel fuggire il primo e fornire un'analisi particolarmente feconda alla seconda".

Rosalind Krauss, *L'originalità dell'avanguardia e altri miti modernisti* ("Note sull'indice, parte prima"), 1985

"Attaccando il 'gusto', però, metteva in dubbio il concetto chiave dell'estetica elaborato da filosofi come Immanuel Kant, David Hume e dall'artista William Hogarth. Inoltre, tutti i venti ready-made creati da Duchamp erano oggetti della *Lebenswelt* elevati a opere d'arte, eliminando dal concetto artistico tutto ciò che aveva a che fare con l'esecuzione, il tocco e persino l'occhio. Infine, nell'attacco alla bellezza c'era qualcosa di più che la volontà dei dadaisti di punire la borghesia per la partecipazione alla guerra, che consegnava alla morte milioni di giovani sui campi di battaglia europei, il ready-made, quindi, era molto di più di uno scherzo. Non stupisce che Duchamp abbia detto: 'Il concetto di ready-made potrebbe essere l'idea più importante che emergerà dal mio lavoro'. Essa introdusse non pochi problemi per i filosofi, come me, preoccupati, di definire l'arte. Dove tracciare i confini? Come distinguerla da tutto il resto, se qualunque cosa può essere considerata tale? Ci resta solo un'idea, non molto confortante: anche se ogni oggetto può essere arte, ciò non significa che tutto lo sia. Duchamp riuscì a screditare quasi tutta la storia dell'estetica, da Platone al presente

(...)

In verità, il contributo di Duchamp, fu di aver fatto un'opera d'arte in assenza di un'estetica".

Arthur C. Danto, *Che cos'è l'arte*, 2013

"È possibile pensare, spiegare il *possibile?* Marcel Duchamp, un secolo fa, ci ha invitato a rispondere SÌ ma invece di aiutarci e suggerirci COME ci ha fornito solo immagini e parole-chiave inquietanti. Noi continuiamo a provarne l'uso, interpretarne il senso, sia ri-attraversando con lo sguardo il *Grande Vetro* sia rileggendo le difficili parole da lui raccolte nella *Boîte verte* o pubblicate postume, nelle *Notes* (edite nel 1980).

(…)

Io credo che a partire dal linguaggio *non-sens* di M.D. si possa comunque, usando il proprio talento, dire un infinito numero di cose".

Gianfranco Barruchello, *Marcel Duchamp e il possibile*, 2012

"*Le grand Vetre* e *Étant donnés* si riferiscono a degli eventi, la 'messa a nudo' della sposa (la *Mariée*), la scoperta del corpo osceno. Eventi che diventano un tutt'uno, l'evento della femminilità, lo scandalo dell''altro sesso'. Nel 'ritardo in vetro' non è ancora avvenuto; nei cespugli, dietro lo spioncino, c'è già. Queste due opere sono due modi di rappresentare l'anacronismo dello sguardo rispetto all'evento della messa a nudo. Il 'soggetto' della pittura è sì l'istante, il lampo che acceca l'occhio, un'epifania; ma, secondo Duchamp, questa circostanza, la 'femminilità' non può essere considerata *nel* tempo dello sguardo della 'virilità'.

Da ciò risulta che il tempo che occorre per 'consumare' (sentire, commentare) queste opere è, per così dire, infinito: è occupato dalla ricerca dell'*apparizione* (termine duchampiano) stessa, di cui la messa a nudo è l'*analogon* sacrilego e sacro. L'apparizione è il fatto che succede qualcosa che è altro. Come può essere raffigurato l'altro? Bisognerebbe che fosse identificato, ma questo è contraddittorio. Duchamp organizza lo spazio della *Mariée* secondo il 'non ancora', quello di *Étant donnés* secondo il 'non più'. Colui che guarda il Vetro aspetta Godot; dietro la porta di *Étant donnés*, il voyeur ricerca Albertine scomparsa. Le due opere di Duchamp costituiscono una cerniera tra l'anamnesi proustiana perduta e la parodia beckettiana di prospettiva".

Jean-François Lyotard, *L'istante, Newman* (1984), in *L'inumano*, Lanfranchi, Milano 2015

"Relire Kant d'après Duchamp, en remplaçant le jugement 'ceci est beau' par le jugement 'ceci est de l'art', c'est considerer que le mot 'art', le nom de l'art, renvoie tout à la fois à une Idée eshtétique inexponible, c'est-à-dire à une Idée de l'Imagination que l'on ne peut prouver par la logique, et à une Idée rationnelle indémonstrable, c'est-à-dire à une Idée de la raison que l'on ne peut montrer dans le sensible. Concrètement, en nommant art un objet tout fait, Duchamp ne lui a pas attribué le concept d'art. Cela n'esta qu'une illusione induite par la forme prédicative de la phrase. Mais il l'a montré en 'exemple d'une règle universelle que l'on ne peut énoncer', et qui est l'Idée d'art".

Thierry De Duve, *Au nom de l'art*, Minuit, Parigi 1987

ET ET...

- Marcel Duchamp et John Heartfield et El Lissitky: la riproducibilità dell'arte

- Marcel Duchamp et la distruzione delle forme tradizionali e oppositive dell'arte e del pensiero

- Marcel Duchamp et l'eliminazione della differenza tra spazio immaginario delle opere d'arte e spazio reale degli oggetti

- Marcel Duchamp et Marcel Broodthaers (et René Magritte)

- Marcel Duchamp et la frammentazione

- Marcel Duchamp et la geometria non euclidea

- Marcel Duchamp et Vladimir Tatlin et la crisi del Cubismo

- Marcel Duchamp et Vladimir Tatlin et il consumo come arte et la produzione come arte

- Marcel Duchamp et Alfred Stieglitz

- Marcel Duchamp et Rosalind Krauss (*Art Since 1900*, "1918")

- Marcel Duchamp et la meccanizzazione della sessualità

- Marcel Duchamp et la completa anestesia del ready-made

- Marcel Duchamp et l'indice

- Marcel Duchamp et Joseph Beuys per cui Marcel Duchamp è sopravvalutato

- Marcel Duchamp et l'estetica interattiva

- ...

Nudo che scende le scale (1912)

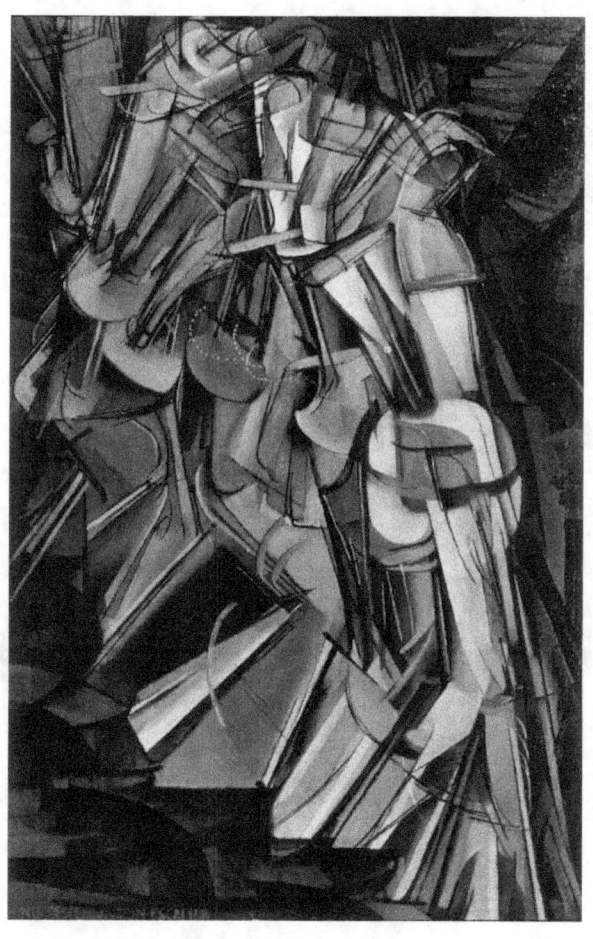

Ruota di bicicletta (1913)

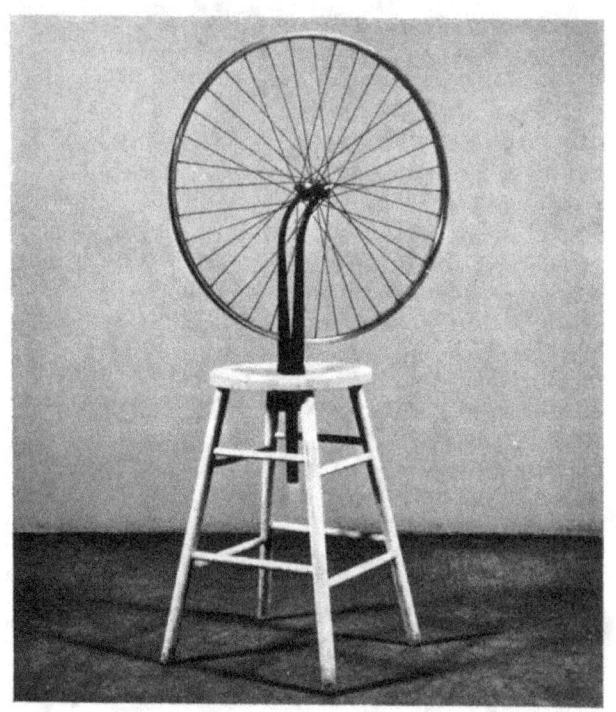

Il Grande Vetro (1915-1923)

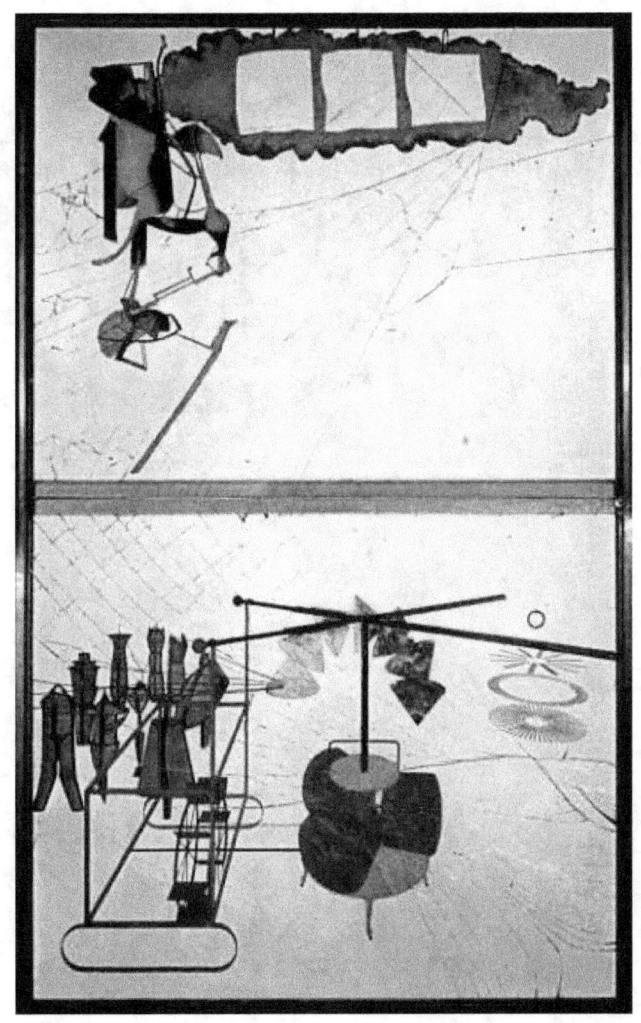

Scatola in una valigia

(presentata per la prima volta nel 1941)

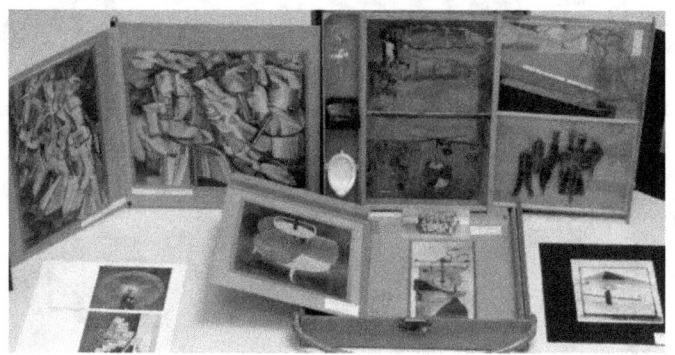

With my Tongue in my Cheek (1959)

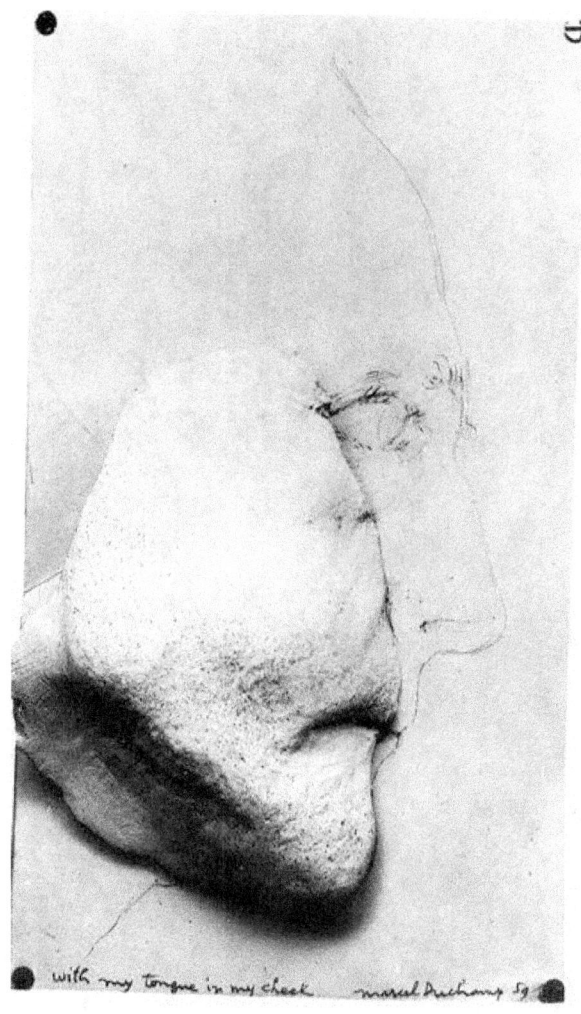

Étant Donnés (1966)

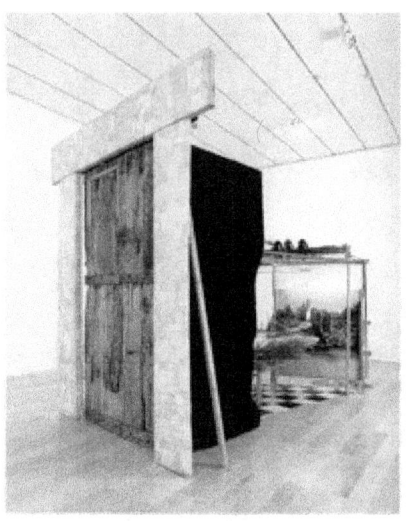

Rrose Sélavy

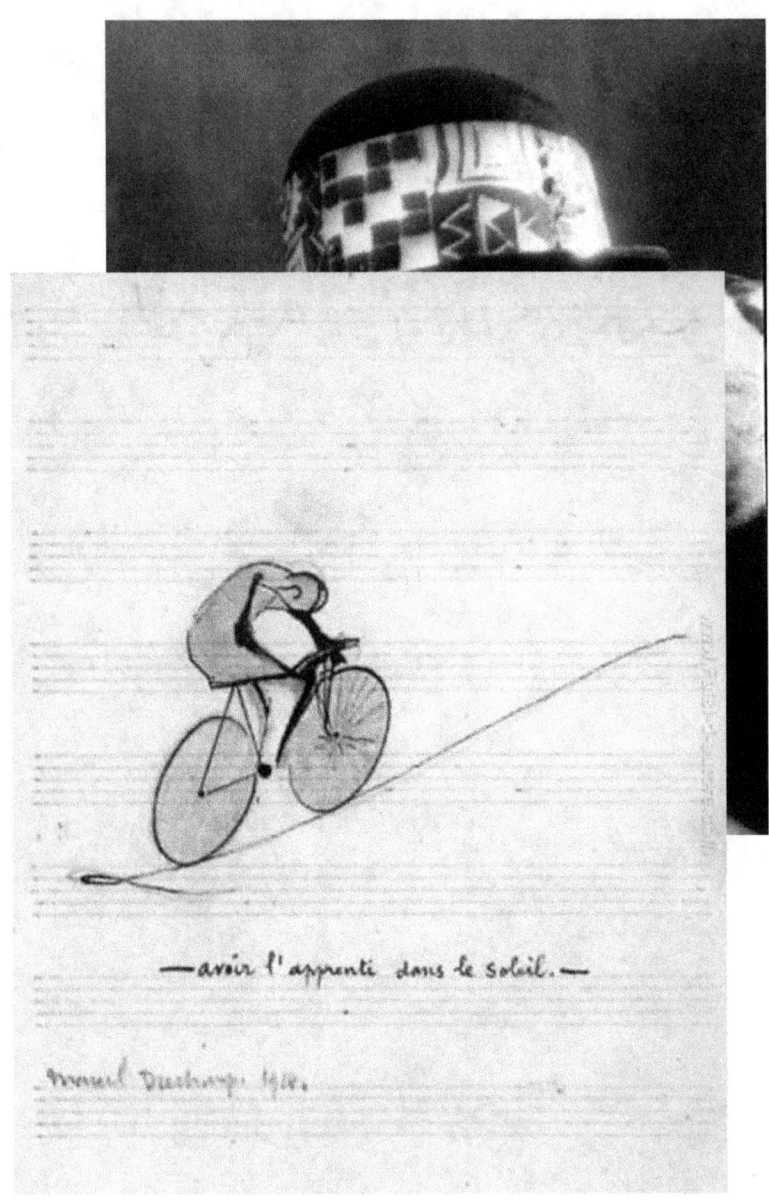

1918